Little Lion

オトナ女子のクロッシェスタイル

A トレンドのサークルバッグ。まちつきのショルダータイプは、使い勝手抜群！ナチュラルカラーだからこそどんな服にも合わせやすい。
HOW TO → 34ページ

Contents

A	p.1 / p.34	**K**	p.12 / p.48
B	p.2 / p.34	**L**	p.13 / p.47
C	p.4 / p.36	**M**	p.14 / p.56
D	p.6·7 / p.38	**N**	p.15 / p.58
E	p.6·7 / p.40	**O**	p.16·17 / p.60
F	p.8 / p.42	**P**	p.18·19 / p.62
G	p.9 / p.44	**Q**	p.20·21 / p.64
H	p.10 / p.50	**R·S**	p.22·23 / p.66
I	p.11 / p.52	**T**	p.24 / p.68
J	p.12 / p.54	**U**	p.25 / p.70
		V	p.26 / p.72
		W	p.27 / p.74

Lesson p.28
How to make p.33
基礎テクニック p.76

B

Aのショルダーとおそろいのぺたんこポーチ。おそろい小物って、ついつい持ちたくなるんです。コインやリップを忍ばせて。
HOW TO → 34 ページ

INTRODUCTION

Little Lion それは、息子の名前にちなんで名づけました。
私が編み物をはじめたころ、隣にはいつも、小さな息子がいました。

かぎ針編みに出会ったのは、出産して間もなくでした。
子育ての合間に何かできることはないかと……。
そんなとき、レース編み好きの義母(はは)に、かぎ針編みを教えてもらいました。
鎖編みすらまともにできなかった私を、
根気よく教えてくれて、ほんとうに感謝しています。
初めて編んだのはコースター。
編み目はガタガタだけど、手編みのぬくもりのある作品にとても満足しました。

少しずつ編めるようになり、息子とおそろいのものが作りたくて、
エコアンダリヤで息子の帽子と自分のバッグを作りました。
お出かけする度に、まわりの人から作品をほめていただけて。
その言葉が励みになり、「もっと素敵な作品を作りたい！！」
と自分でデザインをするようになりました。

編み物は、かぎ針編みしかできない私ですが……
オシャレな作品を作ってお出かけし、それを人からほめていただける。
そんな幸せを、たくさんの人と共感できたらと願っています。

Little Lion
千葉あやか

c
スクエアフォルムのチェーンショルダー。上品なピンクシルバーで華やかさを演出。チェーンを外せばクラッチとしても使えます。
HOW TO → 36 ページ

D

シェル模様のストローハット。ブリムにはスパンコールの糸を交ぜて。太陽の下でさり気なく輝き、自然と笑みがこぼれちゃう。

HOW TO → 38 ページ

E

定番のナチュラルカラーを使ったショッパーバッグ。さわやかなセンターの模様編みは、頑張った分オシャレ度もUP！

HOW TO → 40 ページ

F

斜めのラインが際立つ大きめトート。都会っぽい赤×ネイビー×ゴールドのトリコカラーはマリンコーデに合わせたい。

HOW TO → 42 ページ

G

大きなリボンが目を引くクラッチ。引きそろえたブラックのスパンコールでリッチ感をプラス。カジュアルはもちろんフォーマルにも。
HOW TO → 44ページ

H

アクセ感覚で持ちたいパステルピンクのハーフムーンクラッチ。ファスナーから続くダブルタッセルをアクセントに。

HOW TO → 50 ページ

I

バスケット模様のワンハンドルバッグ。ブラウンベースにブラックリネンのタッセルで、ナチュラルになりすぎないオトナ仕様に。
HOW TO → 52 ページ

J
つば広のブラックハット。どんなコーデもハンサムに決まるマストアイテム。上品なシルエットはオトナ女子にぴったり。
HOW TO → 54 ページ

K
いつものコーデのアクセントになる斜めチェックの巾着バッグ。ワードローブにプラスしたいアイテムになること間違いなし！
HOW TO → 48 ページ

L

Kの巾着バッグとおそろいのミニポーチ。カードケースとして使っても◎。シャイニーカラーはオールシーズン使えちゃう。
HOW TO → 47ページ

M

リングハンドルがポイントの、バケツ型バッグ。ハンドルからレザー底に続くIラインが、シャープな印象を引き立てます。

HOW TO → 56 ページ

N

エレガントなフォルムのバイカラートートは、小さなリボンをポイントに。リボンはいくつになっても、女子の心をくすぐります。

HOW TO → 58 ページ

o

レザー底を使った大きめトートに
カラフルタッセルをちりばめて。
デイリーにはもちろん、ピクニッ
クやリゾートシーンにも大活躍。
HOW TO → 60 ページ

P

バンブーハンドルがアクセントのバッグ。つやのあるブラックを合わせて。カジュアルからきれいめまで、幅広いコーデを楽しんで。

HOW TO → 62 ページ

Q シンプルなトートバッグには、ブラック×ゴールドラメを引きそろえて。ハンドルカバーつきだから重たい物を入れても安心です。
HOW TO → 64ページ

R

鮮やかなカラーの幾何学模様を編み込んだメルカドバッグ。パープル×ライムイエローはスタイリングのアクセントに。

HOW TO → 66 ページ

S

レトロオレンジ×ブルーグリーンはオトナシックな印象に。好きなカラーを組み合わせて、オリジナルの1点を作ってみて。

HOW TO → 66 ページ

T
ふたつきのトートバッグ。A4サイズも入るので、オフィスや学校行事にも重宝する優れもの。大事な書類もこれでバッチリ！
HOW TO → 68ページ

U

アクティブdayに大活躍な、ぺたんこショルダー。携帯、財布、ハンカチ、ティッシュ。小さくてもしっかり物が入ります。

HOW TO → 70 ページ

V

バッグからつい取り出したくなるスイカのポーチで、みんなの視線を独り占め。ゴールドの種がオトナの遊び心を演出します。

HOW TO → 72 ページ

W

バケツ型のフォルムがトレンド感あるバッグ。ブラック×ベージュのボーダーとクロス模様でエッジの効いたスタイリッシュな印象に。

HOW TO → 74 ページ

LESSON

[テクノロートの編みくるみ方]

＊6ページのD帽子（作り方38ページ）で解説します。
＊わかりやすいようにテクノロートの色を一部黒にかえています。

テクノロート　　熱収縮チューブ

1 ブリムの16段めまで編んだところ。

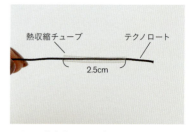

2 熱収縮チューブを2.5cmに切り、テクノロートに通す。

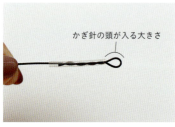

3 テクノロートの先を3cm折り返し、数回ねじって輪を作り、チューブに差し込む。ドライヤーの温風でチューブを加熱し、収縮させる。

4 17段めの立上りの鎖編みを1目編み、矢印のように編始めの目（15段めの立上り3目め）とテクノロートの輪に針を入れる。

5 針に糸をかけて引き出す。

6 針に糸をかけ、細編みを編む。

7 細編みが編めた。

8 16段めのスパングラスとテクノロートを編みくるみながら細編みをあと2目編む。

9 16段めの細編みに細編み3目み入れる。

10 8と同様に細編みを5目編む。糸はときどき広げて編むときれいに編める。

11 編終りの5cmくらい手前まで編んだら、テクノロートが均一になるように手で整える。

12 テクノロートを8cm残して切り、熱収縮チューブを2.5cmに切ってテクノロートに通す。

13 編始めと同様にテクノロートの先を3cm折り返して輪を作り、熱収縮チューブで固定する。

14 1目手前まで編み、矢印のように最後の目(15段め)とテクノロートの輪に針を入れる。

15 細編みを編む。

16 最初の細編みの目に引き抜く。

17 1周つながった。

[マグネットホックのつけ方]

＊9ページGクラッチバッグ
（作り方44ページ）で解説します。

マグネット付きホック

1 ふたの裏側からマグネットホックの凸側のツメを差し込む。

2 表側から丸い金具をはめる。このときリボンに金具が隠れるか確認する。

3 ペンチでツメを折り曲げる。

4 凸側がついた。

5 前側も同じ要領で凹側をつける。

[ファスナーのつけ方]

＊10ページ Hクラッチバッグ（作り方50ページ）で解説します。
＊わかりやすいように縫い糸の色を赤にかえています。

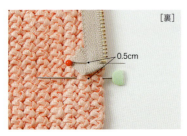

1 編み地を半分に折り、ファスナーの端を三角に折り込み、折り目から0.5cmずらしてまち針でとめる。

2 まち針で等間隔に半周とめる。

3 針に糸を通し、玉結びをしてから表に針目が出ないように小さな針目で半返しに縫う。このとき、ファスナーと編み地の高さをそろえる。

4 ファスナーの長さが余る場合は、ファスナーを編み地の内側に入れて長さを調整する。半分まで縫ったら針を編み地の表側に出す。

5 外表に折り、ファスナーの位置を合わせて、1針刺して反対側へ渡す。

6 針を編み地の裏側に戻し2・3と同様にまち針でとめ、続けて半返しで縫う。

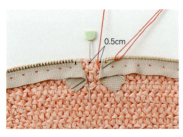

7 最後は縫始めと同様にファスナーを三角に折り込む。

8 さらに折り込んだ端どうしを1針縫いとめる。

9 玉止めをして糸を切る。

10 アイロンの先でファスナーのへりを押さえるようにスチームをかける。

11 表側からもファスナーと編み地がなじむようにスチームを軽くかける。

12 指で押さえ、すきまがあかないように整えて出来上り。

［ダブルタッセルの作り方］

＊10ページのHクラッチバッグ（作り方50ページ）で解説します。

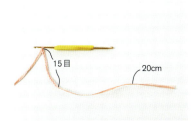

1　糸端を20cm残して鎖編みを15目編む。

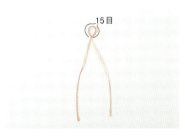

2　糸端を20cm残して切り、15目を輪にしてひと結びする。

3　長さ30cmに40本切った束を用意し、2で中央を結ぶ。

4　手で整えながら上下20本ずつの束に分け、下側は半分に折る（2の糸端は下側に合わせる）。40cmに切った糸で、2の結び目から1.5cm下を2〜3回巻きつけてしっかりと結ぶ。

5　4で結んだ上側の糸をとじ針に通し、結び目の上から下に通す。

6　長さ8cmに切った紙を用意し、下側の束を紙で巻いてテープでとめる。2の結び目から7cmのところを紙ごと一息に切る。

7　紙を外す。紙ごと切ることでまっすぐに切れる。

8　長さ30cmに切った糸を用意し、残しておいた上側の束を下側の束にかぶせて2の結び目から1.5cm下を結ぶ。

9　2の結び目から5cmの位置を少しずつ切る。このとき先に切った下側の束を切らないように注意する。

10　2段に切れた。

11　スチームをかけて糸をふっくらさせ、ボリュームを出す。

12　ダブルタッセルの出来上がり。

FOR BEAUTIFUL FINISH

[スチームアイロンはパーツごとにこまめにかける]

パーツを編み終えるごとに高温でスチームアイロンをかけることで形がきれいに決まります。スチームをかけるときは、編み目がつぶれないように軽くかけましょう。

1 バッグの底が編めたらかぎ針を一度抜き、スチームを軽くかける。

2 丸いパーツの場合、増し目をしたところなどは形がくずれやすいので、スチームをかけたら指先で押さえるようにして丸く整える。

3 底から側面まで編めたら、内側にタオルなどを入れて形を整え、スチームで整える。

4 持ち手やひもなどの小さなパーツも直線は定規を当てて平らに整える。四角い底などのパーツは角を出すように整える。

帽子の場合はトップ、サイド、ブリムとそれぞれ編み終わったところで内側にタオルなどを入れてスチームアイロンをかけて整える。

POINT

編み間違えてほどいた糸はそのまま編まずにスチームをかける。糸が伸びて元に戻り、編みやすく、きれいに仕上がる。

[エコアンダリヤの糸は広げて編む]

エコアンダリヤのテープ状の形状を生かすことで、目がそろい美しく仕上がります。

エコアンダリヤの糸は編み進むにつれて細くなることがあるので、そのときは指で広げながら編むことで、きれいに仕上がる。

あとからストレート・ステッチで刺す場合も1針ごとに糸を広げて刺すことできれいに仕上がる。

前々段の目に針を入れて編む模様などは、1目編むごとに糸を広げて編むことで目がそろい、仕上りに差が出る。

HOW TO MAKE

[この本で使用した糸]

エコアンダリヤ
レーヨン100%　40g玉巻き　約80m

エコアンダリヤ《クロッシェ》
レーヨン100%　30g玉巻き　約125m

亜麻糸《リネン》30
リネン100%　30g玉巻き　約50m

エンペラー
レーヨン100%　25g玉巻き　約170m

スパングラス
ポリエステル77%　綿23%
25g玉巻き　約137m

A・B 写真／1・2ページ

- 糸 ………… ハマナカ エコアンダリヤ（40g玉巻き）
  ベージュ（23）
  A．バッグ100g　**B**．ポーチ35g
- 針 ………… 5/0号かぎ針
- その他 …… **B**．ポーチ 長さ16cmのファスナー1本
- ゲージ …… 模様編み 19目が10cm、10段が9.5cm
- サイズ …… **A**．バッグ 直径約19cm　まち4cm
  B．ポーチ 直径約12cm

A．バッグ
[編み方]
糸は1本どりで編みます。

1. 本体は輪の作り目をし、模様編みで増しながら10段編みます。同じものをもう1枚編みます。
2. まち、ショルダーストラップは鎖編みで作り目し、細編みで編みます。
3. 本体の回りに縁編みを編みますが、73目はまちを外表に重ねて編みます。もう1枚の本体も同様につけます。
4. まちにショルダーストラップを縫いつけます。
5. ボタンかけループを指定の位置に編みつけ、ボタンを編んでつけます。

本体 2枚
模様編み
9.5
(10段)
112目

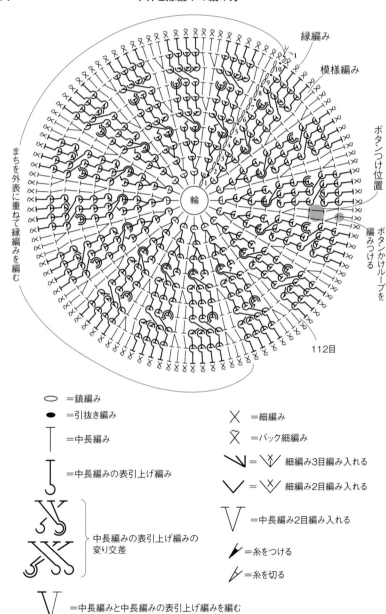

Aバッグ　本体と縁編みの編み方

本体の目数と増し方

段	目数	増し方
10	112目	増減なし
9	112目	毎段16目増す
8	96目	
7	80目	増減なし
6	80目	毎段16目増す
5	64目	
4	48目	増減なし
3	48目	毎段16目増す
2	32目	
1	16目編み入れる	

○ ＝鎖編み
● ＝引抜き編み
┬ ＝中長編み
╤ ＝中長編みの表引上げ編み
╳╳ ＝中長編みの表引上げ編みの変り交差
╳ ＝細編み
╳̃ ＝バック細編み
Ⅴ ＝細編み3目編み入れる
∨ ＝細編み2目編み入れる
Ⅴ ＝中長編み2目編み入れる
╱ ＝糸をつける
╱ ＝糸を切る
∨ ＝中長編みと中長編みの表引上げ編みを編む
∨ ＝中長編みの表引上げ編みを同じ目に2目編む

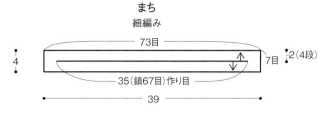

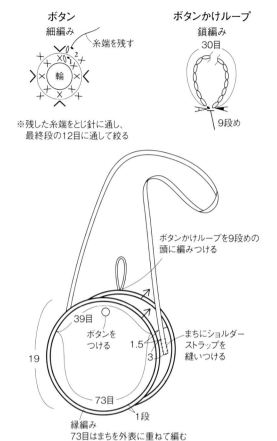

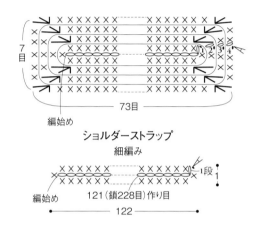

B．ポーチ
[編み方]
糸は1本どりで編みます。
1 本体は輪の作り目をして模様編みで6段編み、続けて細編みを1段編みます。同じものをもう1枚編みます。
2 本体2枚を外表に重ね、47目巻きかがりにします。
3 入れ口にファスナーをつけます。

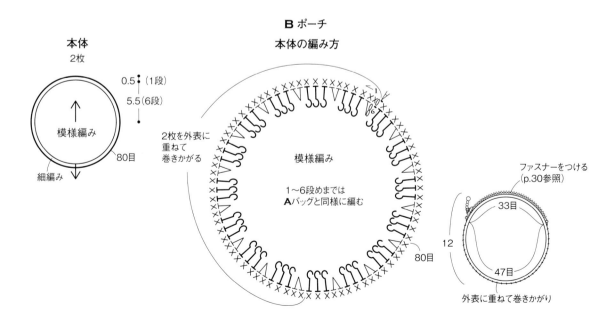

C 写真／4・5ページ

- 糸 ………… ハマナカ エコアンダリヤ(40g玉巻き)
  ピンクシルバー(173) 100g
- 針 ………… 5/0号かぎ針
- その他 …… ハマナカ マグネット付き丸型ホック(14mm)
  黒メタ(H206-043-2) 1組み
  内幅1.2cmのDカン2個
  長さ2.2cmのナスカン2個
  幅0.5cmのチェーン1m
- ゲージ …… 細編み 18目18段が10cm四方
- サイズ …… 幅26cm 深さ14.5cm

[編み方]

糸は1本どりで編みます。

1. 本体は鎖編み1目を作り目し、細編みで編み、編み終わったら形を整え、ストレート・ステッチで模様を刺します。
2. まちは鎖編み9目を作り目し、細編みで編みます。
3. 本体の回りに縁編みを1段編みますが、前側、底、後ろ側にはまちを外表に重ねて編みます。
4. 土台は輪の作り目をし、細編みで編みます。
5. マグネットホック(凸)を土台につけ、土台をふたの裏に、(凹)を前側の表につけます。
6. Dカンを縫いつけ、チェーンの両端にナスカンをつけ、Dカンにつなぎます。

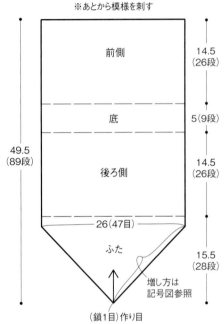

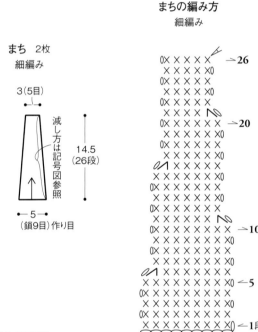

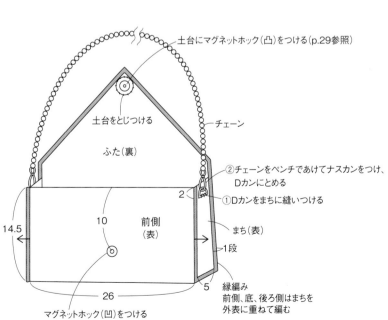

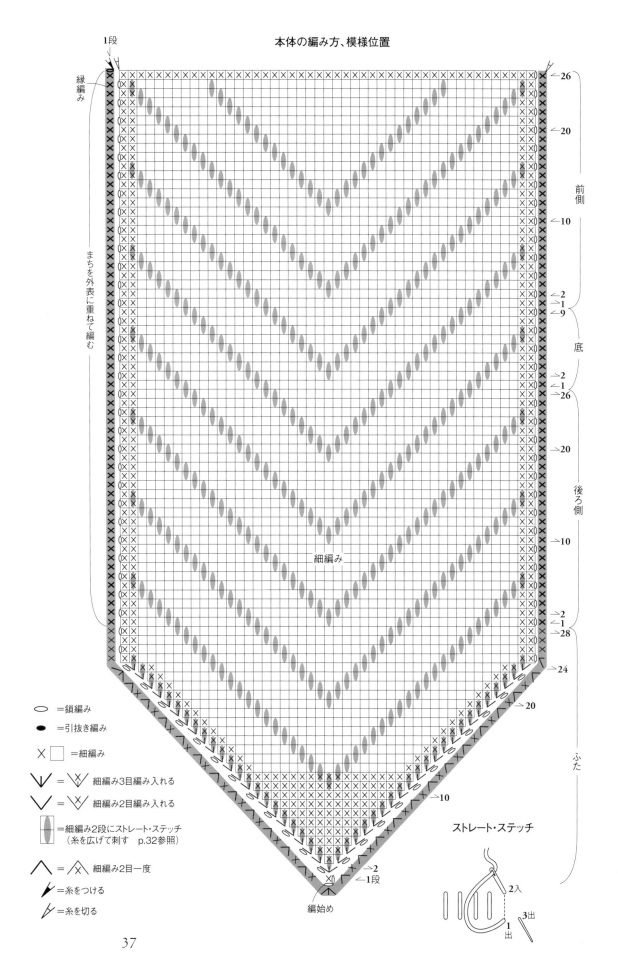

D 写真／6・7ページ

糸 ……… ハマナカ エコアンダリヤ（40g玉巻き）
　　　　ベージュ（23） 120g
　　　　ハマナカ スパングラス（25g玉巻き）
　　　　ベージュ（2） 15g
針 ……… 5/0号かぎ針
その他 … ハマナカ テクノロート（H204-593）1巻き
　　　　ハマナカ 熱収縮チューブ（H204-605）
　　　　5cm
ゲージ … 細編み　19目20段が10cm四方
　　　　模様編み　1模様（4段）が3cm
サイズ … 頭回り59cm　深さ17cm

[編み方]

ブリムの偶数段はスパングラス2本どり、それ以外はエコアンダリヤ1本どりで編みます。ひもはエコアンダリヤとスパングラスの2本どりで編みます。

1　クラウンは輪の作り目をし、細編みを8目編み入れ、2段めからは立上りをつけずに図のように増しながら細編みで34段編みます。

2　続けて、ブリムを模様編みで17段編みますが、1段めはクラウン34段めの頭の手前側1本を拾って編みます。最終段はテクノロートを編みくるみます。

3　ひもを編み、サイドに2周巻きますが、1周めはブリム1段めの細編みの足をすくってバランスよく3か所通し、2周めはそのまま巻き、本結びをします。ひもの先をひと結びします。

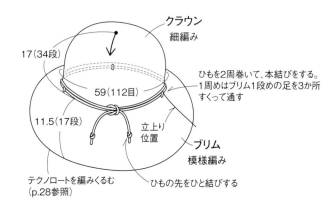

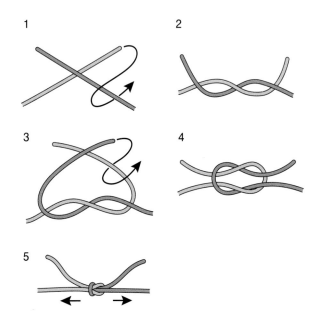

本結び

○ ＝鎖編み
× ＝細編み
V ＝細編み2目編み入れる
╳ ＝細編み3目編み入れる
┬ ＝長編み
╳ ＝長編み4目編み入れる
　　（目数が変わっても
　　同様に編み入れる）
● ＝引抜き編み

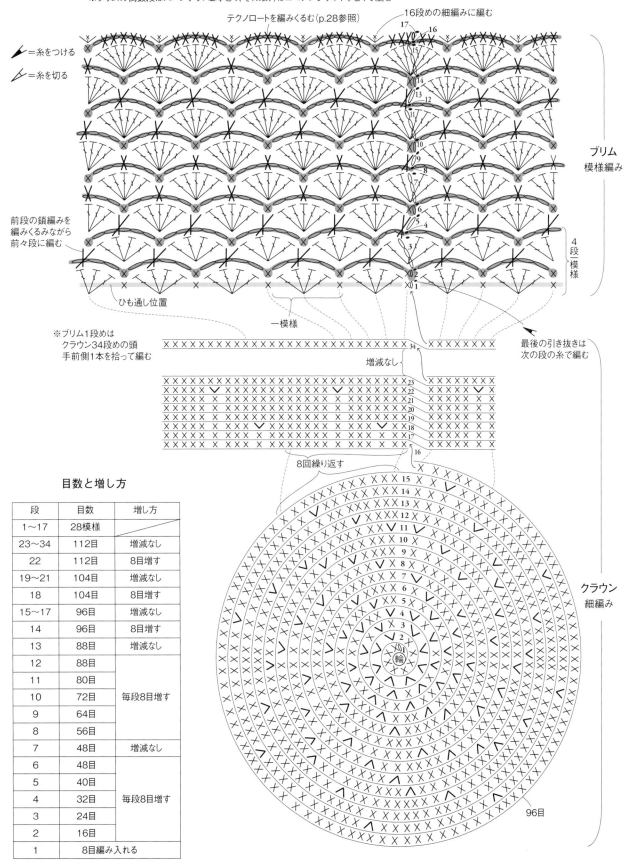

E 写真／6ページ

糸 ……… ハマナカ エコアンダリヤ（40g玉巻き）
　　　　　　ベージュ(23) 145g
針 ……… 5/0号、7/0号かぎ針
ゲージ … 中長編み　19目10段が10cm四方
　　　　　模様編み　25目が13cm、4段（一模様）が4cm
　　　　　細編み　19目が10cm、18段が9.5cm
サイズ … 図参照

［編み方］
スレッドコードは2本どりを7/0号針で編みます。それ以外は、1本どりを5/0号針で編みます。

1 底は鎖編み55目を作り目し、細編みで図のように増しながら輪に編みます。
2 続けて側面を中長編みと模様編み、細編みで輪に編みます。
3 指定の位置に糸をつけ、入れ口①を細編みで減らしながら往復に編み、続けて持ち手通しを細編みで編んで糸を切ります。同様に、指定の位置に糸をつけ、入れ口②と持ち手通しを編み、続けて縁編みを1段編みます。
4 持ち手ひもはスレッドコードで85cm編み、編始めと編終りをかがって輪にします。
5 持ち手通しを内側に折り、輪にした持ち手ひもをはさんで縫いつけます。

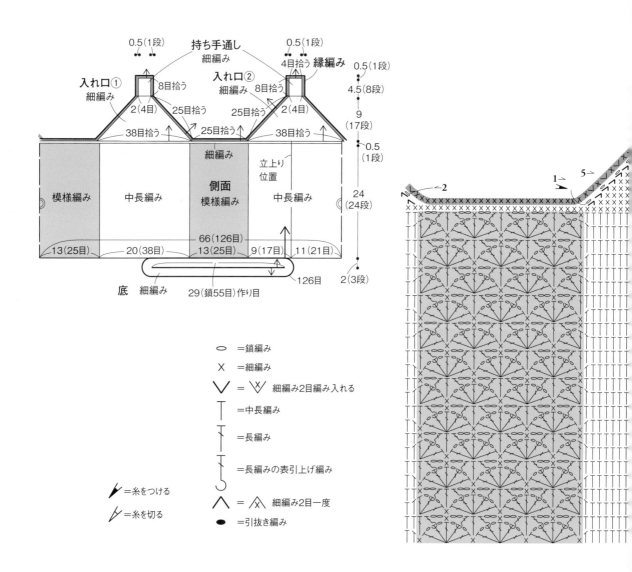

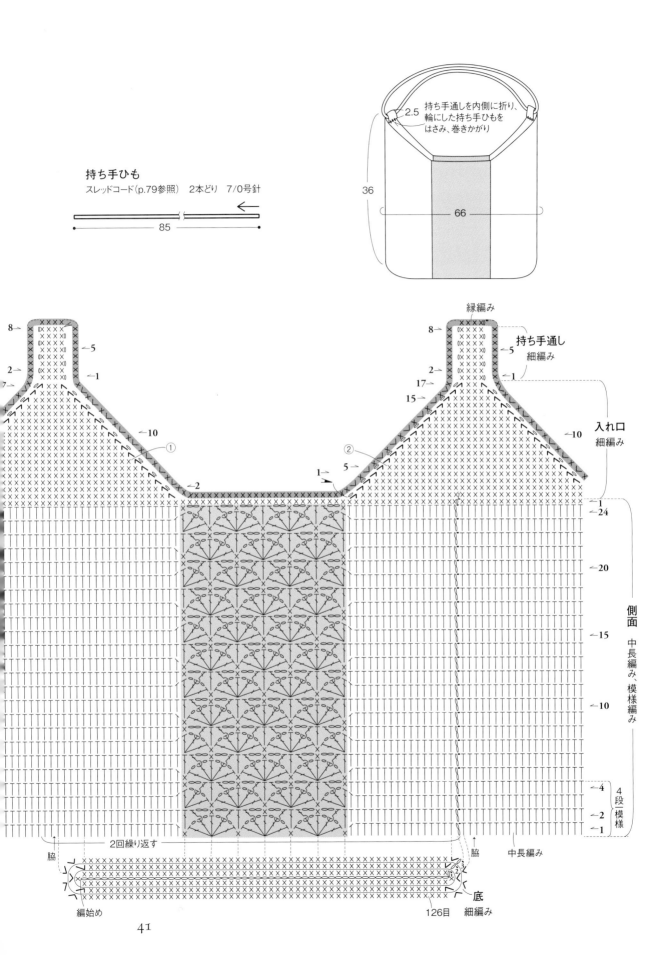

F 写真／8ページ

糸 ……… ハマナカ エコアンダリヤ(40g玉巻き)
　　　　　ネイビー(57) 100g　ゴールド(172) 80g
　　　　　レッド(7) 65g
針 ……… 5/0号かぎ針
ゲージ … 細編み(芯の糸を編みくるんだ状態)
　　　　　19.5目15.5段が10cm四方
サイズ … 幅38cm　深さ29cm

[編み方]
糸は1本どりで、指定の色で編みます。
1　底は鎖編み40目を作り目し、芯の糸を編みくるみながら細編みで図のように増しながら輪に編みます。
2　続けて側面も芯の糸を編みくるみながら細編みで、図の位置で色をかえながら増減なく編みます。43段めで持ち手通し穴をあけながら編みます。
3　持ち手は鎖編みで作り目をして細編みで輪に編み、持ち手通し穴に通して縫いつけます。

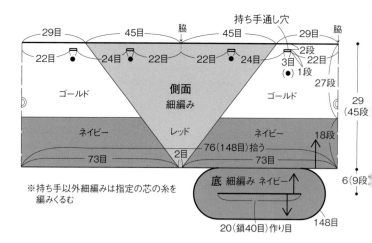

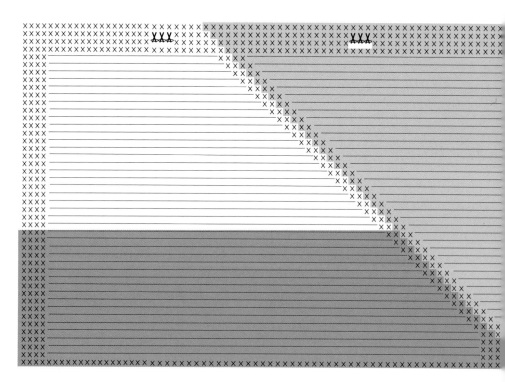

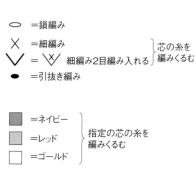

42

持ち手 2本
細編み ゴールド

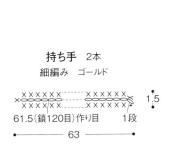

61.5(鎖120目)作り目　1段
1.5
63

持ち手を持ち手通し穴に通して縫いつける

38
29
4

持ち手通し穴
43段めは、鎖編みを編み、芯の糸は渡す
44段めは前段の鎖目と芯の糸を編みくるむ

脇　　　　　　　　　　　　　　　　　　　　　　編終り

ゴールドはレッド、レッドはゴールドを芯の糸にして編みくるむ

ネイビーはレッド、レッドはネイビーを芯の糸にして編みくるむ

側面　細編み

-45
-40
-30
-19
-18
-10
-2
-1段

脇

編始め

底　細編み
ネイビー(レッドを編みくるむ)
148目

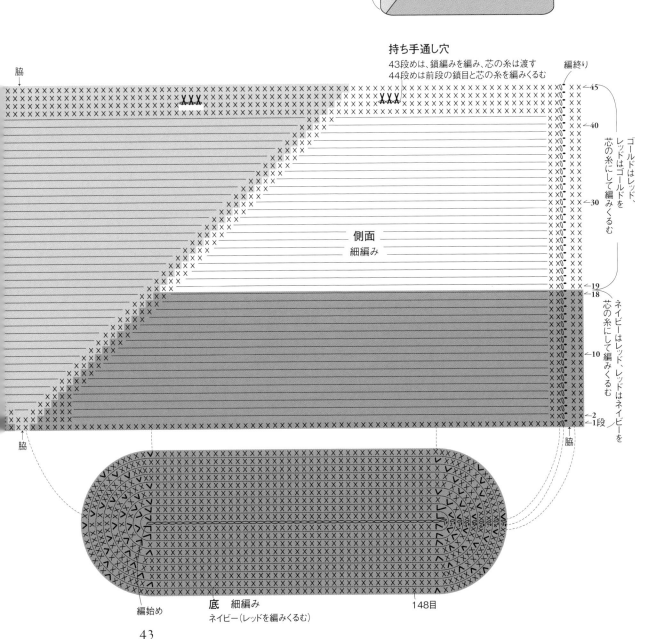

G 写真／9ページ

- 糸 ……… ハマナカ エコアンダリヤ(40g玉巻き)
  - ネイビー(57) 140g
  - ゴールド(172) 15g
  - ハマナカ スパングラス(25g玉巻き)
  - ブラック(5) 50g
- 針 ……… 6/0号かぎ針
- その他 …… ハマナカ マグネット付き丸型ホック(14mm)
  - 金(H206-043-1) 1組み
- ゲージ …… 細編み 17目17段が10cm四方
- サイズ …… 幅28cm 深さ16.5cm

[編み方]

糸は指定の本数で編みます。

1. 本体は鎖編み44目を作り目し、細編みで増減しながら編みます。
2. まちは鎖編み23目を作り目し、図のように細編みを編みます。
3. 本体の回りに縁編みを1段編みますが、前側、後ろ側はまちを外表に重ねて編みます。
4. リボンa、b、cは鎖編みで作り目し、細編みで図のように編んで仕上げます。
5. リボンをふたに縫いつけます。
6. マグネットホックをつけます。

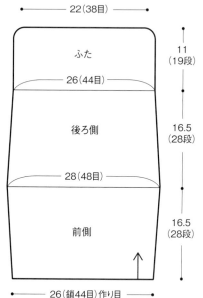

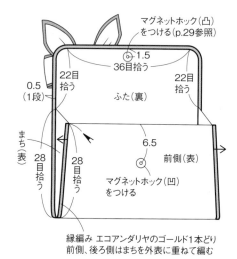

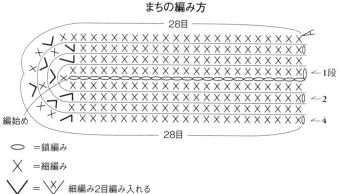

- ○ = 鎖編み
- × = 細編み
- ∨ = 細編み2目編み入れる
- ∧ = 細編み2目一度
- ── = エコアンダリヤのネイビーとスパングラスの2本どり
- ▬▬ = エコアンダリヤのゴールド1本どり

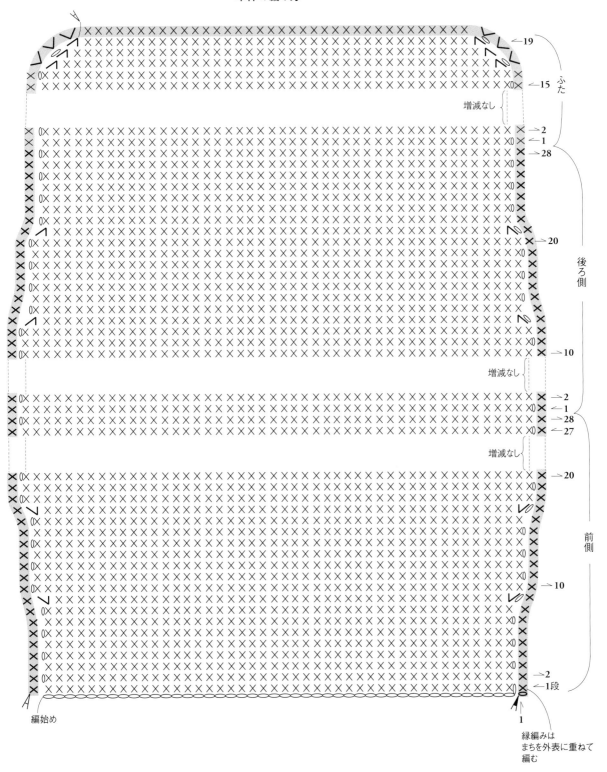

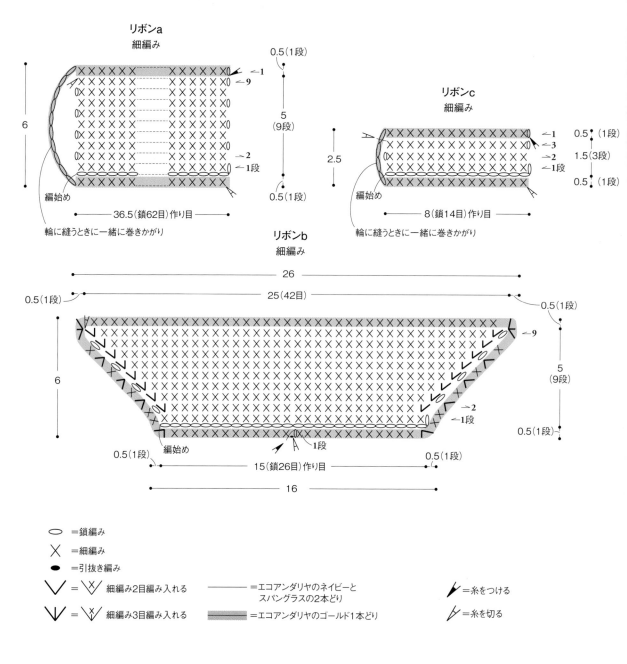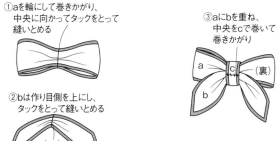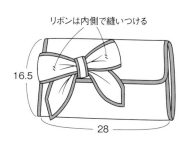

L 写真／13ページ

糸 ………… ハマナカ エコアンダリヤ（40g玉巻き）
　　　　　　シルバー（174） 40g
針 ………… 5/0号かぎ針
その他 …… 長さ16cmの玉つきファスナー1本
ゲージ …… 模様編み　19目20段が10cm四方
サイズ …… 幅16cm　深さ11.5cm

[編み方]
糸は1本どりで編みます。
1　鎖編み30目を作り目し、両側に細編みを編みつけて輪にし、模様編みを23段編みます。
2　入れ口にファスナーをつけます。
3　タッセルを作ります。ファスナーのスライダーについた丸カンを残して他をペンチではずしてタッセルをつけます。

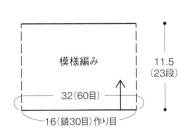

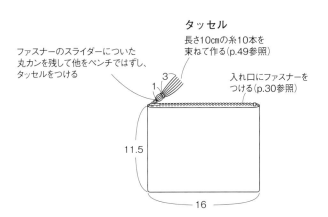

編み方

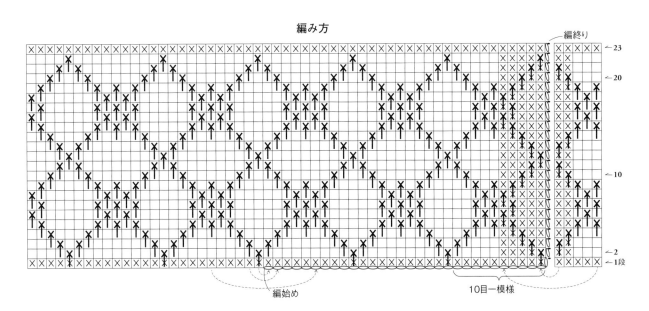

○ ＝鎖編み
× ☐ ＝細編み
● ＝引抜き編み
X ＝前々段の目に細編みを編む
　　※糸を広げて編む（p.32参照）

K 写真/12ページ

- 糸 ……… ハマナカ エコアンダリヤ（40g玉巻き）
  シルバー（174）170g
- 針 ……… 5/0号かぎ針
- ゲージ …… 細編み 19目17.5段が10cm四方
  模様編み 19目20段が10cm四方
- サイズ …… 底の直径16cm 深さ23.5cm

[編み方]

糸は1本どりで編みます。
1. 底は輪の作り目をし、細編みで目を増しながら14段編みます。
2. 続けて側面を模様編みで42段編みます。
3. 入れ口は細編みで編みますが、1段めはひも通し穴をあけながら編みます。
4. 持ち手は鎖編みで作り目して細編み、引抜き編みで編み、脇に縫いつけます。
5. ひも、ひも止め、タッセルを作ってつけます。

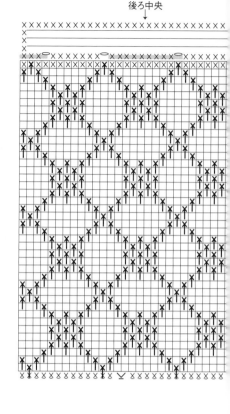

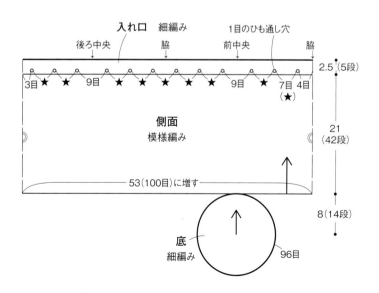

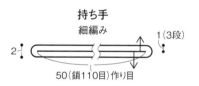

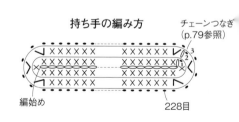

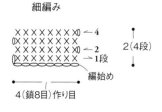

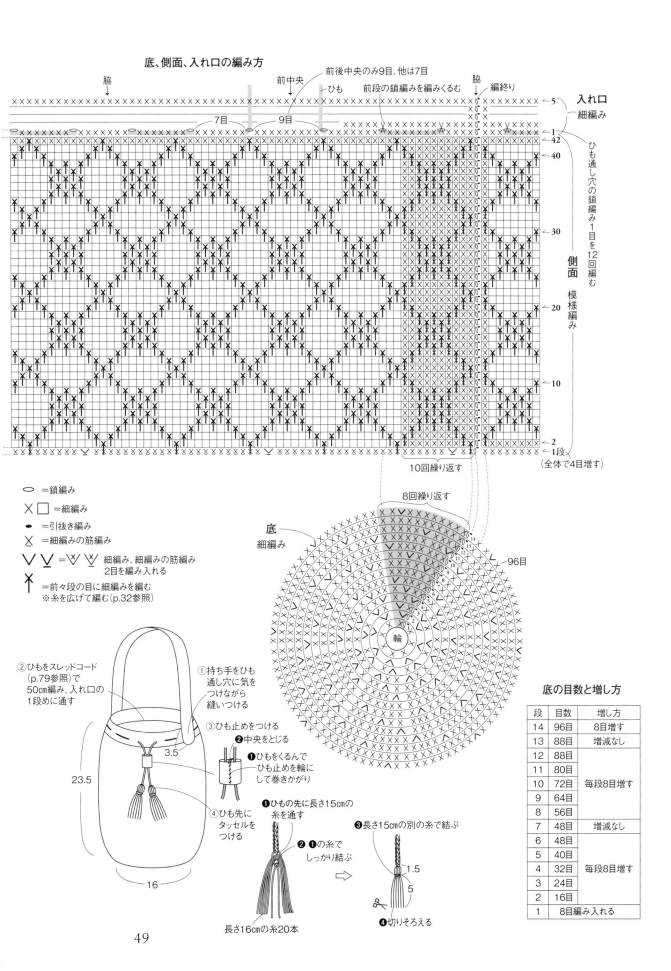

H 写真／10ページ

- 糸 ……… ハマナカ エコアンダリヤ(40g玉巻き)
  パステルピンク(47) 80g
- 針 ……… 5/0号かぎ針
- その他 …… 長さ55cmのファスナー1本
- ゲージ …… 細編みの筋編み 26目13段が10cm四方
- サイズ …… 図参照

［編み方］
糸は1本どりで編みます。
1 本体は鎖編み16目を作り目し、細編みの筋編みで図のように増しながら輪に編みます。
2 本体を二つ折りにしてファスナーをつけます。
3 ダブルタッセルを作ってつけます。

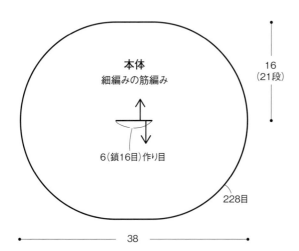

目数と増し方

段	目数	増し方
21	228目	増減なし
20	228目	
19	218目	
18	208目	
17	198目	
16	188目	
15	178目	
14	168目	
13	158目	
12	148目	
11	138目	毎段10目増す
10	128目	
9	118目	
8	108目	
7	98目	
6	88目	
5	78目	
4	68目	
3	58目	
2	48目	
1	鎖の両側から38目拾う	

本体の編み方

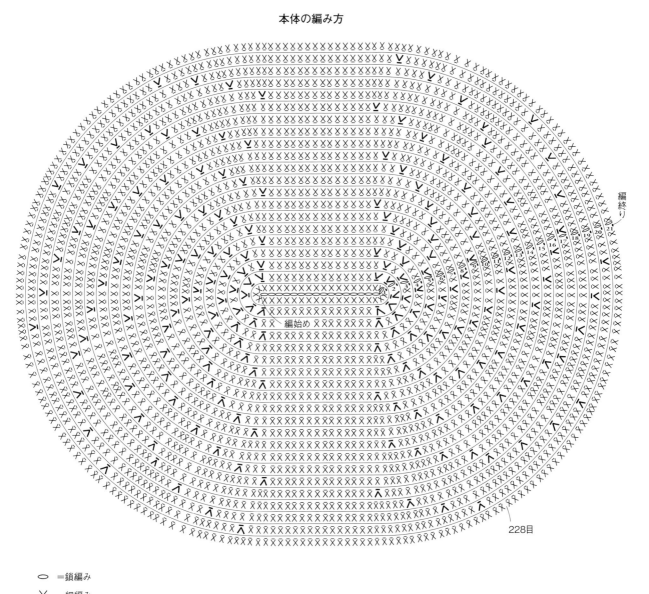

228目

○ =鎖編み
× =細編み
• =引抜き編み
X =細編みの筋編み
V = 細編みの筋編み2目を編み入れる

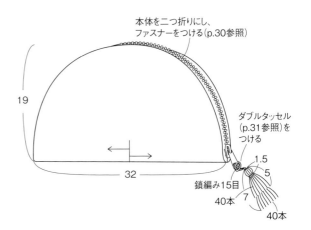

本体を二つ折りにし、ファスナーをつける(p.30参照)
ダブルタッセル(p.31参照)をつける
19
32
鎖編み15目
1.5
5
7
40本
40本

I 写真／11ページ

- 糸 …………… ハマナカ エコアンダリヤ（40g玉巻き）
  - ブラウン（59）155g
  - ハマナカ 亜麻糸《リネン》30（30g玉巻き）
  - ブラック（112）20g
- 針 …………… 5/0号かぎ針
- その他 ……… ハマナカ テクノロート（H204-593）1巻
  - ハマナカ 熱収縮チューブ（H204-605）5cm
- ゲージ ……… 細編み　16.5目が10cm、13目が7cm
  - 模様編み　2模様が5.3cm、7段が10cm
- サイズ ……… 入れ口幅37cm　深さ17.5cm

［編み方］
糸は1本どりで、指定以外はエコアンダリヤで編みます。
1. 底は鎖編み18目を作り目し、細編みで増しながら輪に編みます。
2. 続けて側面は模様編みで編み、入れ口はテクノロートを編みくるみながら細編み1段を編みます。
3. 持ち手カバーは鎖編みで作り目し、細編みで増減なく編みます。
4. 持ち手を2本編み、指定の位置に通し、編始めと編終りをかがって輪にします。
5. 持ち手を持ち手カバーでくるんでまつります。
6. ひもを編んで、両端にタッセルをつけ、持ち手に結びます。

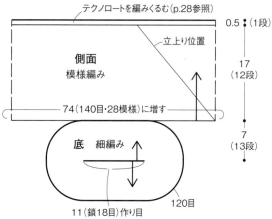

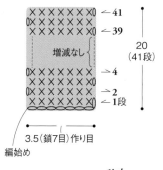

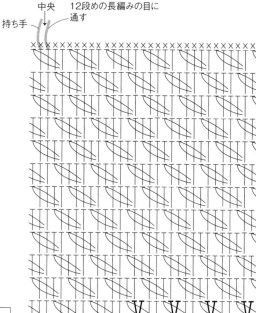

段	目数	増し方
13	120目	毎段8目増す
12	112目	
11	104目	増減なし
10	104目	
9	96目	毎段8目増す
8	88目	
7	80目	
6	72目	増減なし
5	72目	
4	64目	毎段8目増す
3	56目	
2	48目	
1	鎖の両側から40目拾う	

底の目数と増し方

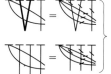

持ち手 2本

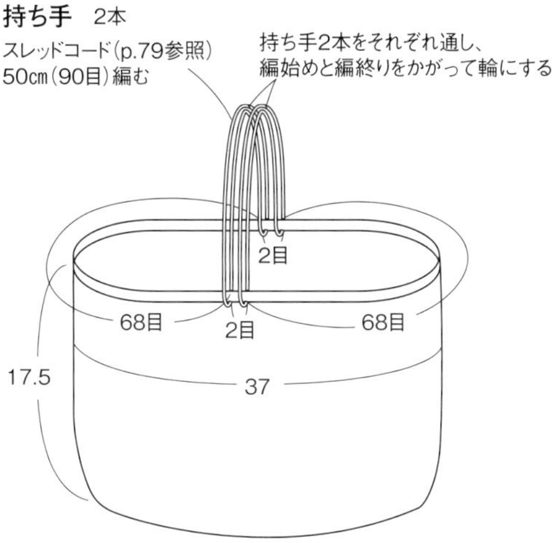

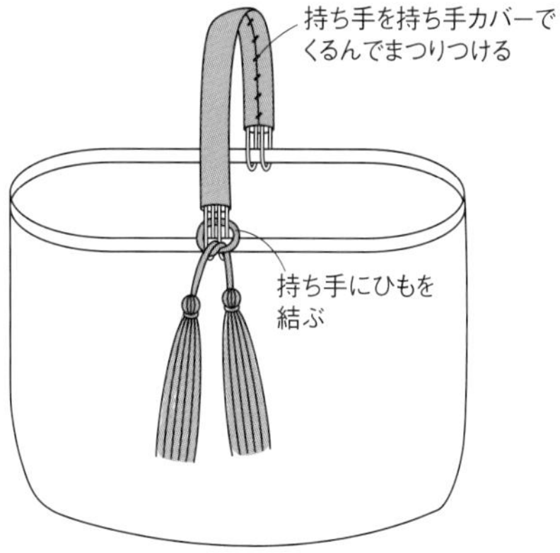

スレッドコード(p.79参照)
50cm(90目)編む

持ち手2本をそれぞれ通し、編始めと編終りをかがって輪にする

68目　2目　68目

37

17.5

持ち手を持ち手カバーでくるんでまつりつける

持ち手にひもを結ぶ

底、側面、入れ口の編み方

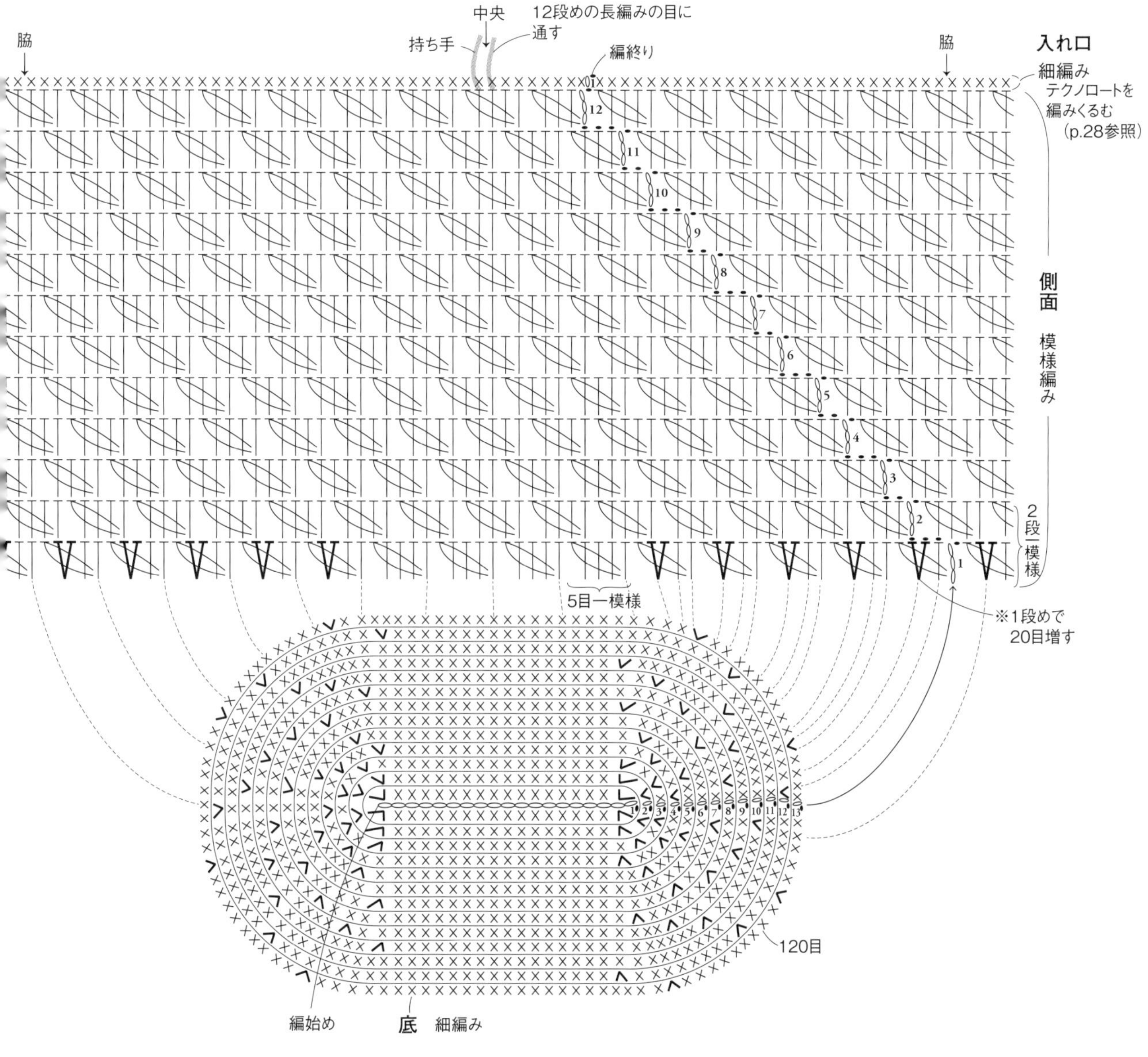

脇　　中央　持ち手　12段めの長編みの目に通す　編終り　脇　入れ口

細編みテクノロートを編みくるむ(p.28参照)

側面 模様編み

2段 模様

5目一模様

※1段で20目増す

120目

編始め　底 細編み

J 写真／12ページ

- 糸 ………… ハマナカ エコアンダリヤ(40g玉巻き)
  ブラック(30) 170g
- 針 ………… 5/0号かぎ針
- その他 …… ハマナカ テクノロート (H204-593) 1巻き
  ハマナカ 熱収縮チューブ (H204-605) 5cm
  幅2.5cmのグログランリボン 黒70cm
- ゲージ …… 細編み(トップ・サイド)
  18目 17.5段が 10cm四方
  細編み(ブリム) 7.5cmが12段
- サイズ …… 頭回り58.5cm 深さ11.5cm

[編み方]
糸は1本どりで編みます。

1 トップは鎖10目を作り目し、細編みで図のように増しながらトップとサイドを輪に編みます。
2 続けて、ブリムをテクノロートを編みくるみながら細編みで編みます。1段めはサイド20段めの頭の手前側1本を拾って増しながら編みます。2段めからは細編みで図のように増しながら編みます。
3 リボンは指定の長さにカットし、図のように縫ってサイドにつけます。

目数と増し方

	段	目数	増し方	
ブリム	12	220目	増減なし	テクノロートを編みくるむ
	11	220目		
	10	209目	毎段11目増す	
	9	198目		
	8	187目		
	7	176目	増減なし	
	6	176目		
	5	165目	毎段11目増す	
	4	154目		
	3	143目		
	2	132目	増減なし	
	1	132目	26目増す	
サイド	10〜20	106目	増減なし	
	9	106目	毎段6目増す	
	8	100目		
	7	94目	増減なし	
	6	94目	毎段6目増す	
	5	88目		
	4	82目	増減なし	
	3	82目	毎段6目増す	
	2	76目		
	1	70目	増減なし	
トップ	10〜13	70目	増減なし	
	9	70目	毎段6目増す	
	8	64目		
	7	58目		
	6	52目		
	5	46目		
	4	40目		
	3	34目		
	2	28目		
	1	鎖の両側から22目拾う		

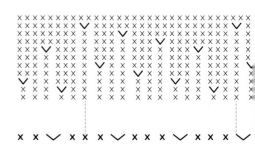

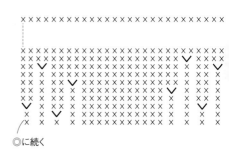

◎に続く

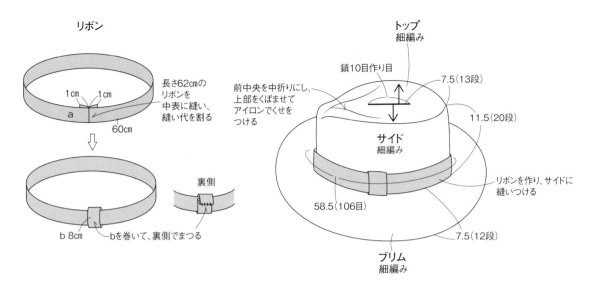

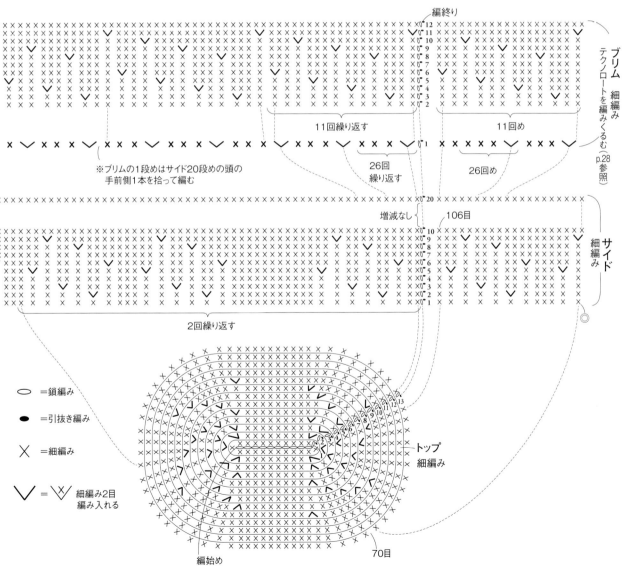

M 写真／14ページ

糸 ……… ハマナカ エコアンダリヤ(40g玉巻き)
　　　　モスグリーン(158) 80g　ブラック(30) 10g
針 ……… 5/0号かぎ針
その他 …… ハマナカ レザー底（丸型）(直径15.6cm) 黒
　　　　(H204-596-2) 1枚
　　　　ハマナカ チャームハンドル
　　　　(直径12.5cm)黒 (H210-011) 1組み
ゲージ … 模様編み　2模様が2.7cm、16段が10cm
サイズ … 入れ口幅24cm　深さ20cm

[編み方]
糸は1本どりで、指定の色で編みます。
1　底はレザー底の48穴に細編み96目を編み入れます。
2　続けて側面は模様編みで36模様を拾い目し、増減なく編みます。
3　ベルトは鎖編みで作り目し、細編みで増減なく編みます。
4　側面の指定の位置にベルトを縫いつけ、残りのベルトでハンドルをくるんで縫いつけます。

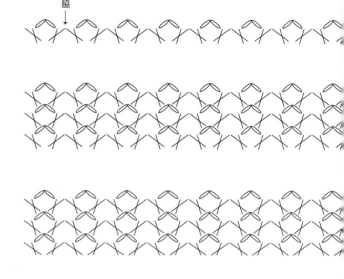

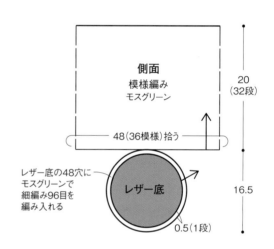

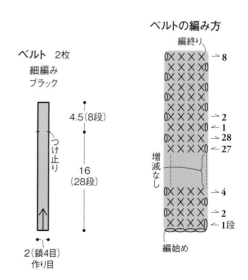

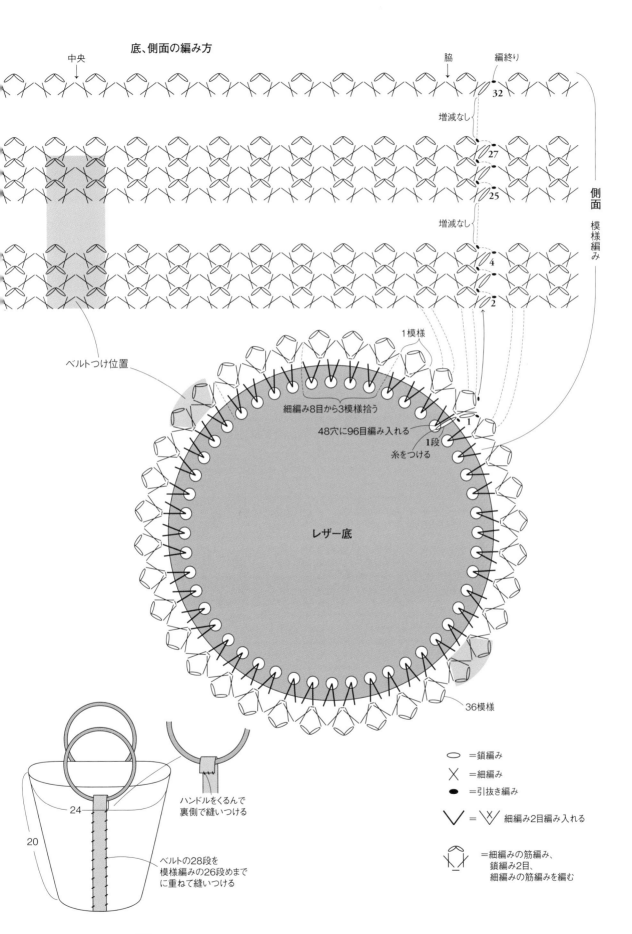

N 写真／15ページ

- 糸 .... ハマナカ エコアンダリヤ (40g玉巻き)
  ベージュ (23) 135g
  オフホワイト (168) 80g
- 針 5/0号かぎ針
- ゲージ .... 細編み 18目20段が10cm四方
  模様編み 1模様約3.3cm、11段が10cm
- サイズ 幅25cm 深さ22cm まち12cm

[編み方]

糸は1本どりで、指定の色で編みます。

1. 底は鎖編み23目を作り目し、細編みで図のように増しながら輪に編みます。
2. 続けて側面は細編み、模様編みで編みます。
3. 持ち手は鎖編みで作り目し、細編みで増減なく編み、突合せにして巻きかがりにし、側面の内側に縫いつけます。
4. 側面の両脇の指定の位置を裏側から縫いとめます。
5. リボンは鎖編みで作り目し、細編みで編み、前中央に縫いつけます。

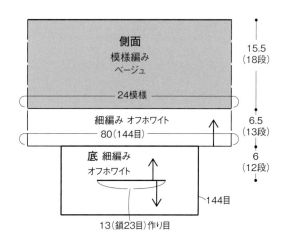

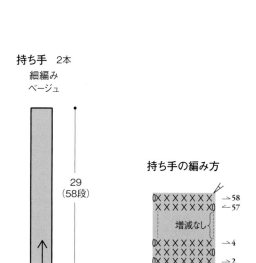

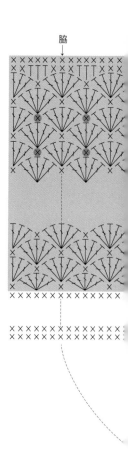

底の目数と増し方

段	目数	増し方
12	144目	
11	136目	
10	128目	
9	120目	
8	112目	毎段8目増す
7	104目	
6	96目	
5	88目	
4	80目	
3	72目	
2	64目	
1	鎖の両側から56目拾う	

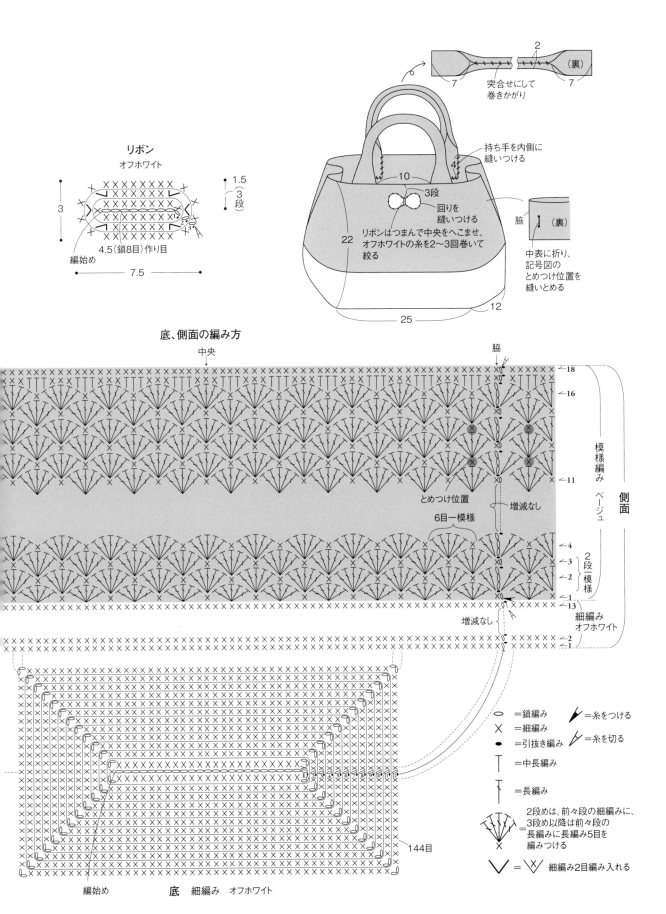

写真／16・17ページ

- 糸 ……… ハマナカ エコアンダリヤ(40g玉巻き)
   ベージュ(23) 235g
   ハマナカ 亜麻糸《リネン》30 (30g玉巻き)
   オフホワイト(101)、水色(104)、黄緑(106)、コーラルピンク(105) 各30g
- 針 ……… 8/0号、7/0号かぎ針
- その他 …… ハマナカ レザーだ円底 (15×30cm)
   ベージュ(H204-618-1) 1枚
- ゲージ …… 細編み 11.5目13段が10cm四方
- サイズ …… 入れ口幅43.5cm 深さ25cm

[編み方]

タッセル以外はエコアンダリヤ2本どりを指定の針で編みます。

1. 底は7/0号針でレザー底の70穴に細編み84目を編みます。
2. 続けて側面は8/0号針にかえて細編みで立上りをつけずに図のように増しながら編みます。
3. 入れ口と持ち手も細編みで編みますが、指定の位置では鎖編み20目を編みます。
4. タッセルを各色8個作り、指定の位置に縫いつけます。

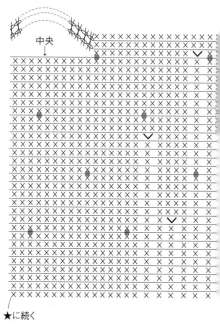

★に続く

側面の目数と増し方

段	目数	増し方
21〜29	100目	増減なし
20	100目	8目増す
11〜19	92目	増減なし
10	92目	8目増す
1〜9	84目	増減なし

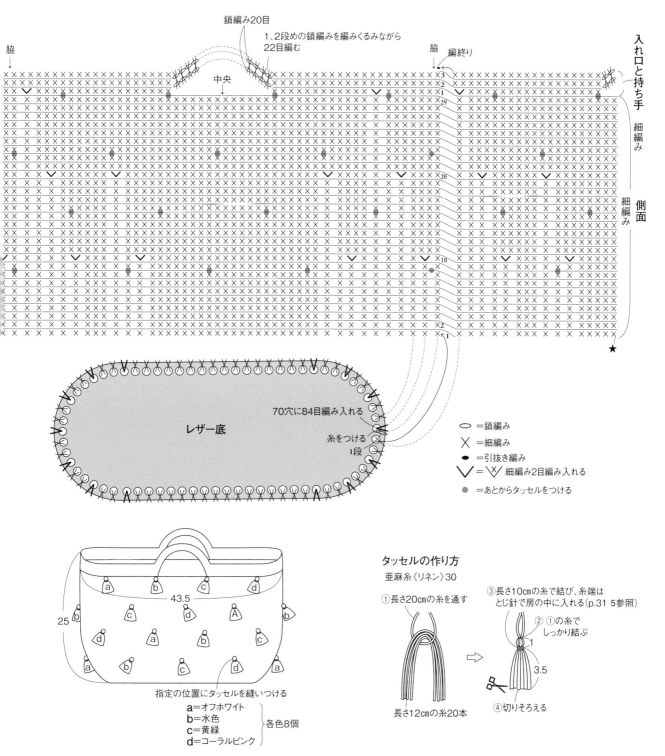

P 写真／18・19ページ

- 糸 ……… ハマナカ エコアンダリヤ(40g玉巻き)
  ブラック(30) 155g
- 針 ……… 5/0号かぎ針
- その他 …… ハマナカ 竹型ハンドル丸型(中)
  (直径約14cm) ナチュラル (H210-623-1)
  1組み
- ゲージ …… 細編み 17目17段が10cm四方
- サイズ …… 図参照

[編み方]

糸は1本どりで編みます。

1 側面をa〜cの順に細編みで編みます。aはハンドルに40目を編みつけ、2段めからは増しながら28段編みます。
2 bは指定の位置に糸をつけ、両端で減らしながら6段編みます。
3 cは回りに3段編みます。
4 同じものをもう1枚編み、2枚を外表に重ねて巻きかがりにします。

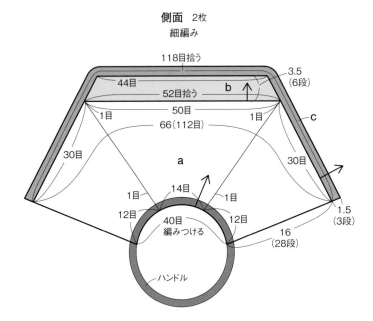

側面 2枚
細編み

aの目数と増し方

段	目数	増し方
28	112目	増減なし
27	112目	毎段4目増す
26	108目	
25	104目	増減なし
24	104目	毎段4目増す
23	100目	
22	96目	増減なし
21	96目	毎段4目増す
20	92目	
19	88目	増減なし
18	88目	毎段4目増す
17	84目	
16	80目	増減なし
15	80目	毎段4目増す
14	76目	
13	72目	増減なし
12	72目	毎段4目増す
11	68目	
10	64目	増減なし
9	64目	毎段4目増す
8	60目	
7	56目	増減なし
6	56目	毎段4目増す
5	52目	
4	48目	増減なし
3	48目	毎段4目増す
2	44目	
1	40目編みつける	

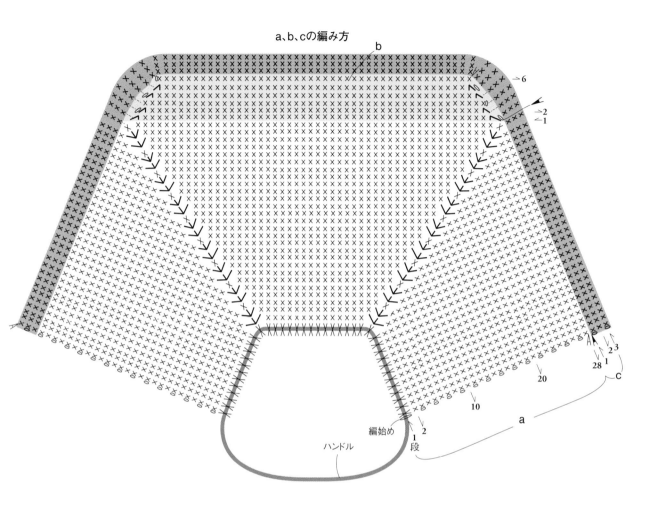

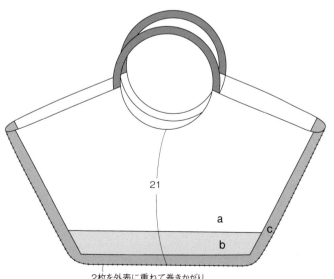

Q 写真／20・21ページ

- 糸 ……… ハマナカ エコアンダリヤ(40g玉巻き)
  - ベージュ(23) 240g
  - ハマナカ エンペラー(25g玉巻き)
  - ブラックゴールドのラメ(22) 90g
  - ハマナカ 亜麻糸《リネン》30 (30g玉巻き)
  - ブラック(112) 15g
- 針 ……… 7/0号、6/0号かぎ針
- ゲージ … 細編み 14.5目15段が10cm四方
- サイズ … 図参照

[編み方]

糸は指定の2本どりを指定の針で編みます。

1. 底は鎖編み34目を作り目し、細編みで図のように増しながら輪に編みます。
2. 続けて側面は細編みで増減なく編み、糸を切ります。
3. 入れ口と持ち手は指定の位置に糸をつけ、細編みで往復に編みます。
4. 編終りの合い印どうしを突合せにして巻きかがりにし、入れ口と持ち手回りに縁編みを1段編みます。
5. 持ち手中央から3cmずつを三つ折りにしてまつります。
6. 持ち手カバーは鎖編みで作り目し、細編みで往復に増減なく編み、持ち手をくるんで、突合せにしてまつります。

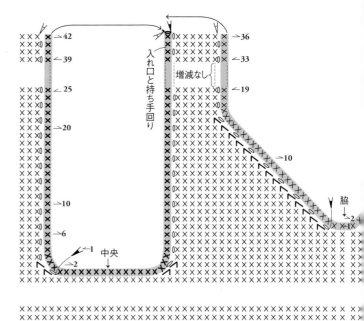

底の目数と増し方

段	目数	増し方
7	126目	
6	118目	
5	110目	毎段8目増す
4	102目	
3	94目	
2	86目	
1	鎖の両側から78目拾う	

底、側面、入れ口と持ち手、入れ口と持ち手回りの編み方

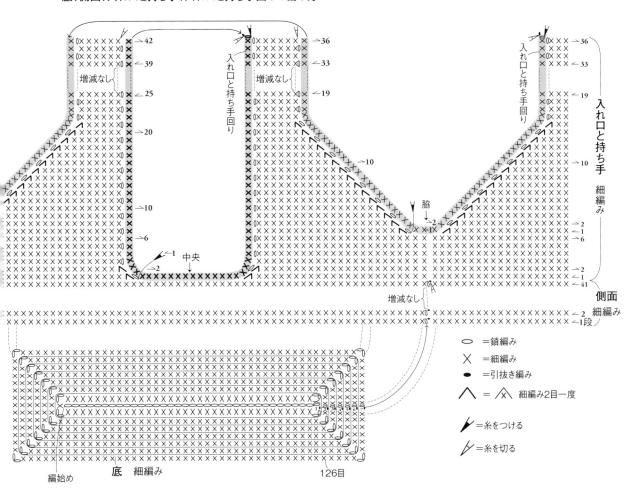

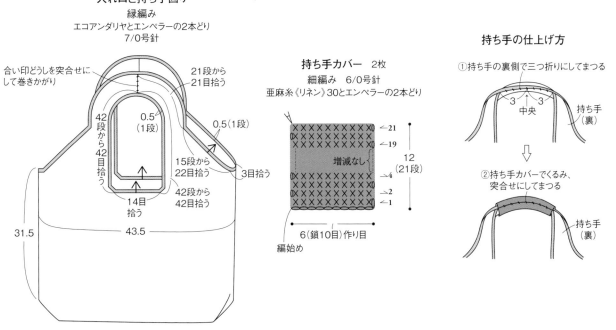

R・S

写真／22・23ページ

- 糸 ……… ハマナカ エコアンダリヤ(40g玉巻き)
  - **R**. パープル (160) 160g
  - ホワイト (1) 75g
  - ライムイエロー (19) 35g
  - **S**. レトロオレンジ (69) 160g
  - ホワイト (1) 75g
  - ブルーグリーン (63) 35g
- 針 ……… 5/0号かぎ針
- ゲージ … 細編み、細編みの編込み模様
  20目16.5段が10cm四方
- サイズ … 入れ口幅42cm 深さ27.5cm

[編み方]

糸は1本どりで、指定の色で編みます。すべて2色の糸で1本を芯にしながら編みます。

1. 編始め①は鎖編み55目を作り目し、まちを細編みで9段編み、糸を休めます(②)。
2. もう片方のまちの編始め③から同様に9段編んだら続けて鎖編み23目を編み、左側の9段に引き抜いて糸を切ります(④)。
3. 側面・底の1段めからは休めておいた②の糸(⑤)で細編み、細編みの編込み模様で51段編みます。
4. 続けてまちを細編みで編みます。
5. まちどうしを突合せにして巻きかがりにし、底も合い印どうしを突合せにして巻きかがりにします。
6. 持ち手は図のように三つ編みにしてつけます。

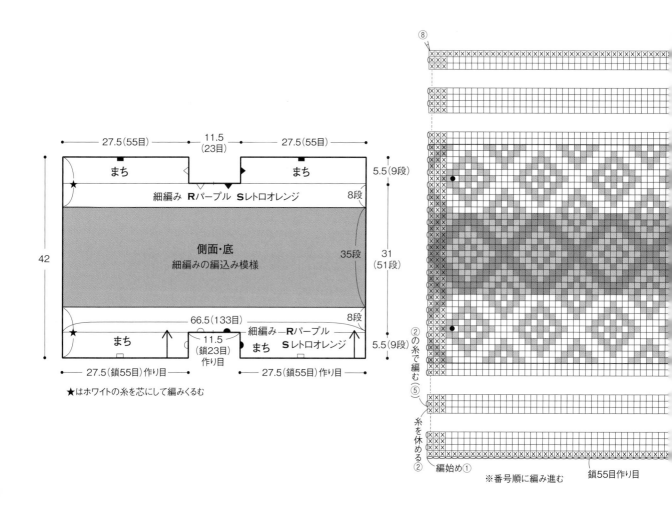

★はホワイトの糸を芯にして編みくるむ

※番号順に編み進む

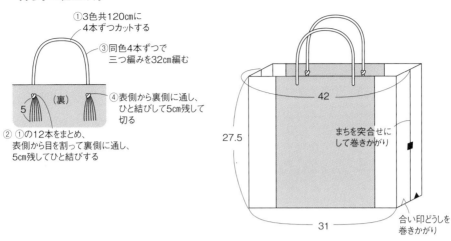

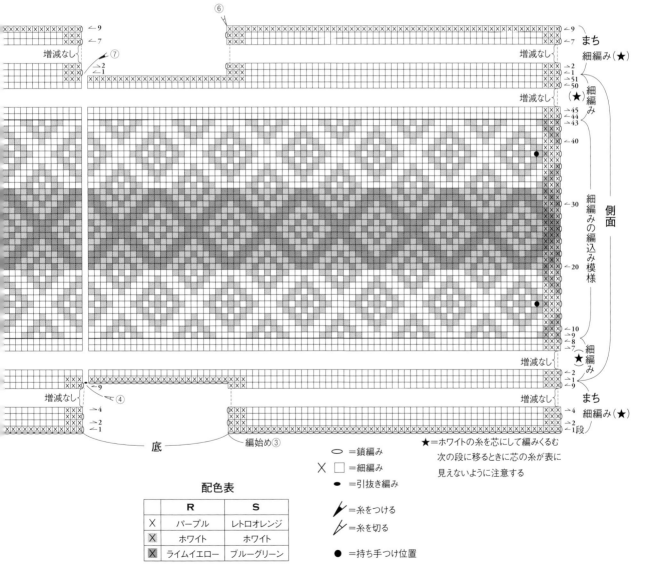

T 写真／24ページ

- 糸 ………… ハマナカ エコアンダリヤ(40g玉巻き)
  - ライムイエロー(19) 90g
  - ベージュ(23)、シャンパンゴールド(170)
  - 各50g
- 針 ………… 5/0号かぎ針
- その他 …… ハマナカ カシメ式マグネット付き丸型ホック
  - (14㎜) アンティーク(H206-047-3)
  - 1組み
- ゲージ …… 細編み、模様編み 17.5目19段が10cm四方
- サイズ …… 入れ口幅36cm 深さ23cm

[編み方]

糸は1本どりで、指定の色で編みます。

1. 底は鎖編み30目を作り目し、細編みで図のように増しながら輪に編みます。
2. 続けて側面は模様編みで41段増減なく編みます。
3. 持ち手と入れ口を模様編みで増減なく編みますが、指定の位置には鎖編み25目を編みます。
4. ふたは後ろ中央から拾い目し、減らしながら往復に細編みで15段編み、回りに細編みを編みます。
5. マグネットホックをつけます。

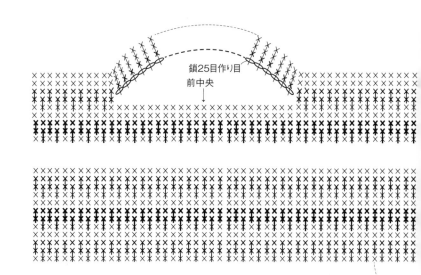

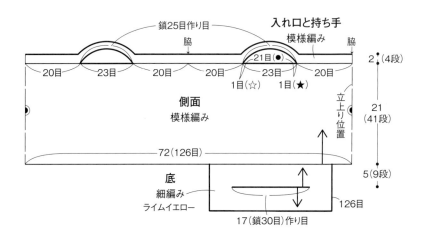

底の目数と増し方

段	目数	増し方
9	126目	増減なし
8	126目	毎段8目増す
7	118目	
6	110目	
5	102目	
4	94目	
3	86目	
2	78目	
1	鎖の両側から70目拾う	

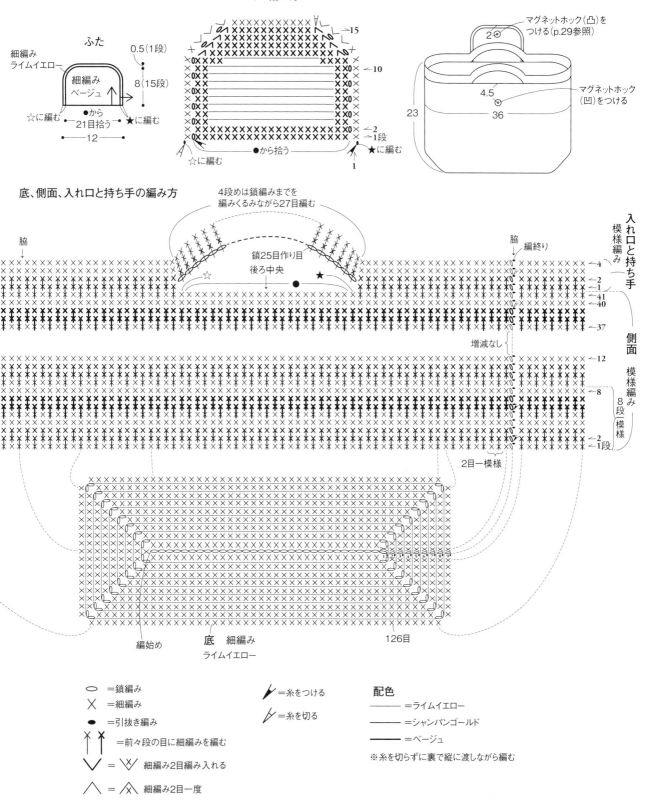

U 写真／25ページ

糸 ……… ハマナカ エコアンダリヤ（40g玉巻き）
　　　　サンドベージュ（169）30g
　　　　ゴールド（172）20g
　　　　ハマナカ エコアンダリヤ《クロッシェ》
　　　　（30g玉巻き）オフホワイト（801）15g
　　　　ハマナカ スパングラス（25g玉巻き）
　　　　ベージュ（2）15g
針 ……… 5/0号かぎ針
その他 … 長さ22cmのファスナー1本
　　　　内幅1.2cmのDカン2個
　　　　直径0.5cmの丸カン2個
　　　　長さ2.2cmのナスカン1個
　　　　幅0.6cmのチェーン106cm
ゲージ …… 模様編み　19.5目15段が10cm四方
サイズ …… 幅23cm　深さ16cm

[編み方]
糸はエコアンダリヤ（サンドベージュ、ゴールド）は1本どり、エコアンダリヤ《クロッシェ》とスパングラス（オフホワイトとベージュ）は各1本の2本どりで編みます。

1　底は鎖編み41目を作り目し、細編みで図のように増しながら輪に編みます。
2　続けて側面を指定の配色で模様編みにし、入れ口は細編みで編みます。
3　入れ口にファスナーをつけます。
4　ナスカンの先にタッセルを作り、ファスナーにとりつけます。
5　Dカンを縫いつけ、Dカンとチェーンを丸カンでつけます。

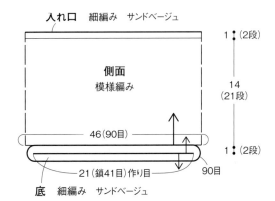

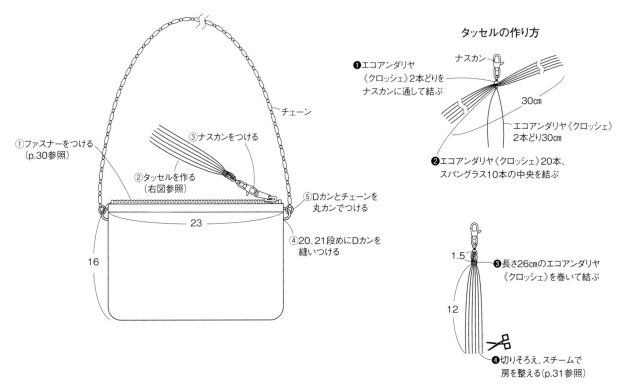

底、側面、入れ口の編み方

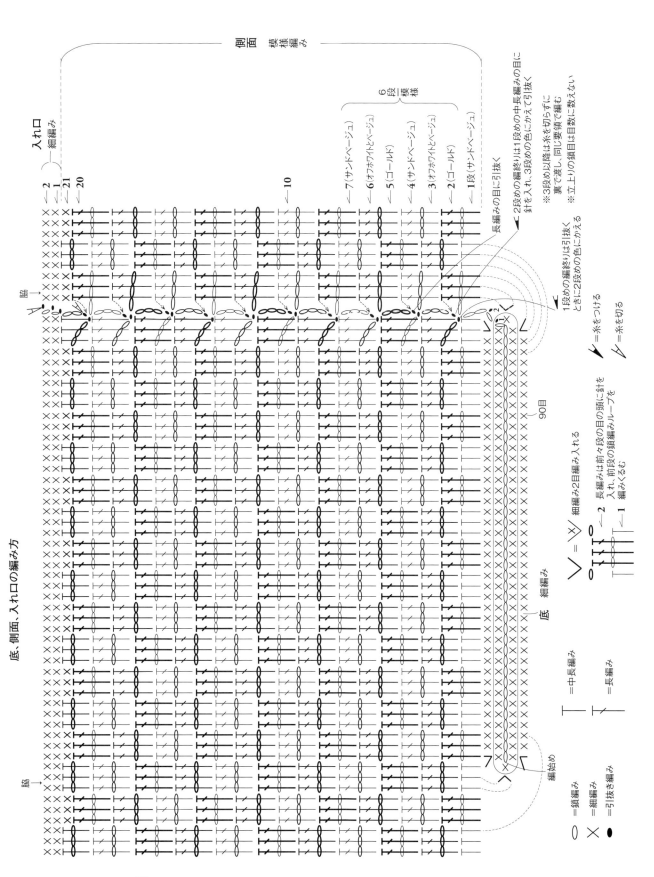

V 写真/26ページ

- 糸 ……… ハマナカ エコアンダリヤ (40g玉巻き)
  - ブラッドオレンジ (164) 25g
  - グリーン (17) 25g
  - オフホワイト (168) 5g
  - ゴールド (172) 5g
- 針 ……… 6/0号かぎ針
- その他 …… 長さ17cmのファスナー1本
- ゲージ …… 細編み 20目16.5段が10cm四方
- サイズ …… 図参照

[編み方]

糸は1本どりで、指定の色で編みます。

1 本体は鎖編み3目を作り目し、模様編みで図のように増しながら14段編みます。
2 まちは鎖編み2目作り目し、細編みで増減しながら編みます。
3 本体とまちを外表に重ね、縁編みを1段編みます。
4 持ち手を鎖編みで作り目して細編みで編み、二つ折りにしてまちに縫いつけます。
5 入れ口にファスナーをつけます。

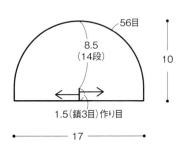

本体 2枚
模様編み

本体の編み方

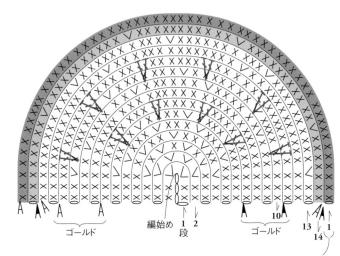

まちを外表に重ねて縁編みを編む

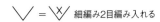=鎖編み
=細編み
=引抜き編み
 = 細編み2目編み入れる
 = 細編み2目一度
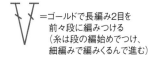 =ゴールドで長編み2目を前々段に編みつける（糸は段の編み始めでつけ、細編みで編みくるんで進む）
=糸をつける
=糸を切る

配色
― =ブラッドオレンジ
― =オフホワイト
― =グリーン
― =ゴールド

本体の目数と増し方、配色

段	目数	増し方	配色
14	56目	4目増す	オフホワイト
13	52目	4目増す	ブラッドオレンジ
12	48目	2目増す	ブラッドオレンジ
11	46目	6目増す	ブラッドオレンジ、ゴールド
10	40目	毎段4目増す	ブラッドオレンジ
9	36目		ブラッドオレンジ
8	32目	増減なし	ブラッドオレンジ
7	32目	4目増す	ブラッドオレンジ、ゴールド
6	28目	毎段4目増す	ブラッドオレンジ
5	24目		ブラッドオレンジ
4	20目		ブラッドオレンジ
3	16目		ブラッドオレンジ
2	12目		ブラッドオレンジ
1	鎖の両側から8目拾う		

まちの編み方

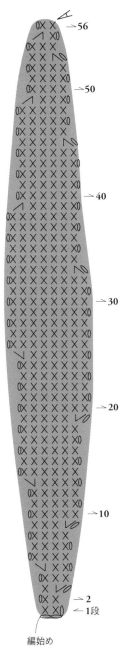

編始め

まち
細編み
グリーン

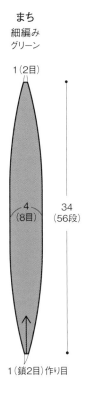

1(2目)

4
(8目)

34
(56段)

1(鎖2目)作り目

持ち手
細編み　グリーン

1(1段)
←1段
31(鎖50目)作り目

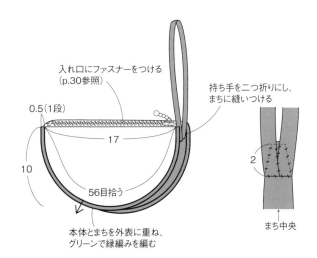

入れ口にファスナーをつける
(p.30参照)

持ち手を二つ折りにし、
まちに縫いつける

0.5(1段)

17

10

56目拾う

本体とまちを外表に重ね、
グリーンで縁編みを編む

2

まち中央

W 写真／27ページ

- 糸 ……… ハマナカ エコアンダリヤ（40g玉巻き）
  ブラック(30) 60g　ベージュ(23) 50g
- 針 ……… 5/0号かぎ針
- その他 …… ハマナカ レザー底（丸型）
  （直径15.6cm）黒（H204-596-2）1枚
- ゲージ …… 模様編み　17目19段が10cm四方
- サイズ …… 底の直径16.5cm　深さ18cm

[編み方]

糸は1本どりで、指定の色で編みます。
1. 底はレザー底の48穴に細編み96目を編み入れます。
2. 続けて側面は模様編みで増減なく編みます。
3. 持ち手は鎖編みで作り目し、細編み3段を編み、4段めは回りを引抜き編みにします。
4. 持ち手を側面の内側に縫いつけます。

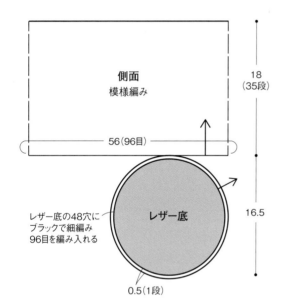

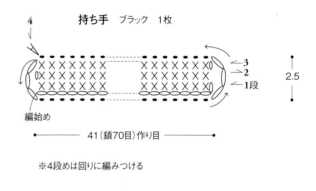

※4段めは回りに編みつける

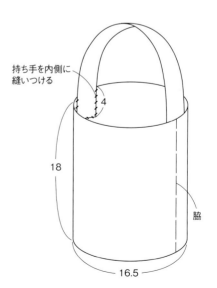

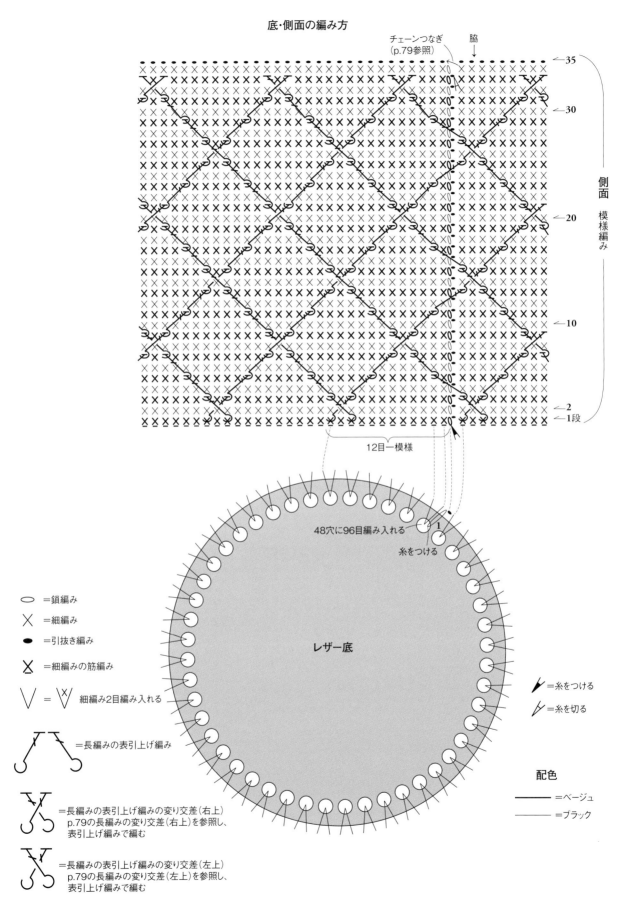

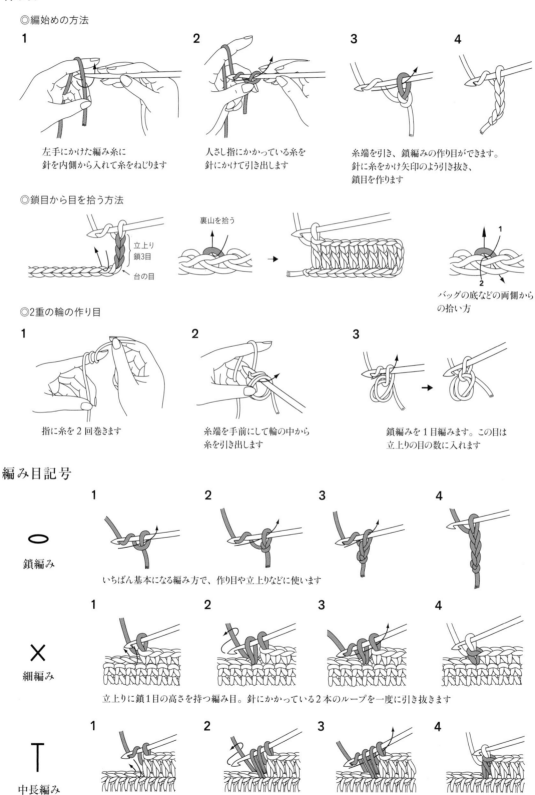

長編み

1 2 3 4
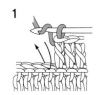 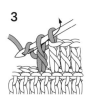

立上りに鎖3目の高さを持つ編み目。1回針に糸をかけ、針にかかっているループを2本ずつ2回引き抜きます

 細編み2目編み入れる
※「細編み3目編み入れる」
など目数が異なる場合も、
同じ要領で編みます

1 2 3 4

前段の1目に細編み2目を編み入れ、1目増します

 細編み2目一度

1 2 3 4
  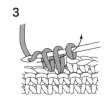

前段の目から糸を引き出しただけの未完成の2目を、針に糸をかけて一度に引き抜いて1目減らします

 長編み2目編み入れる
※目数が異なる場合や、
中長編みの場合も
同じ要領で編みます

1 2 3 4
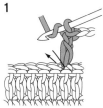 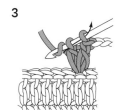 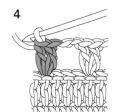

前段の1目に長編み2目を編み入れ、1目増します

 長編み2目一度
※目数が異なる場合も、
同じ要領で編みます

1 2 3
 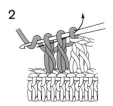 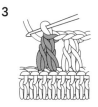

未完成の長編みを2目編み、一度に引き抜いて1目減らします

引抜き編み

1 2 3
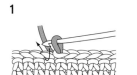 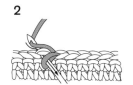

前段の目に針を入れ、糸をかけて一度に引き抜きます

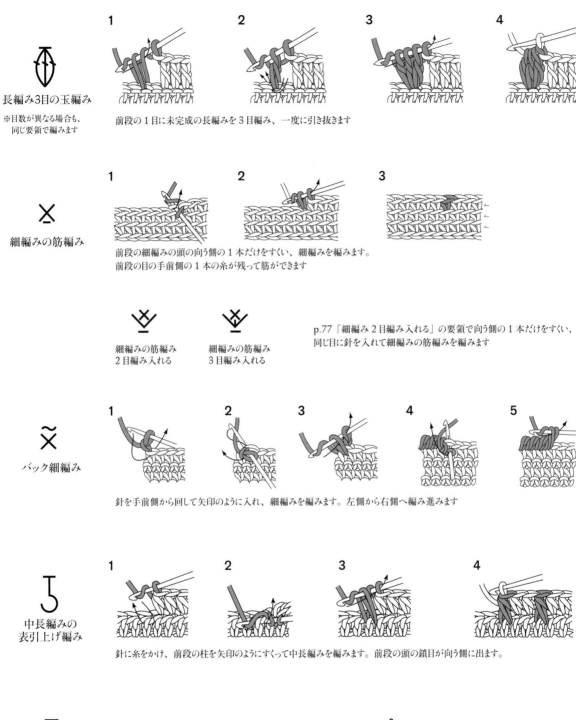

長編みの変り交差
（右上）

1
2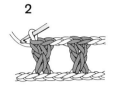

1目先の目に長編みを編みます。次の目は針を長編みの裏側を通って矢印のように入れ、長編みを編みます

先に編んだ目が上に重なって交差します

長編みの変り交差
（左上）

1目先の目に長編みを編みます。次の目は針を長編みの表側を通って矢印のように入れ、長編みを編みます

◎糸を編みくるむ方法

1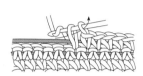
2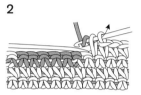

休ませた糸をそわせ、編みくるみながら細編みを編みます。
糸をかえるときは、手前の目を引き抜くときに配色糸と地糸をかえて編みます

◎チェーンつなぎ

1
2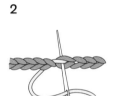

編終りの目の糸を引き出し、針に通して編始めの目に通します。
1目めと最後の目の間に1目できてつながります

◎スレッドコード

1
2
3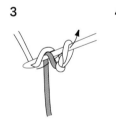
4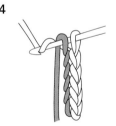

糸端を仕上りの約4〜5倍の長さを残し、端の目を作ります

糸端側の糸を針の手前から向う側にかけます

針に糸玉側の糸をかけ、針にかかっている糸2本を引き抜きます。
1目出来上り

2、3を繰り返します

はぎ方

巻きかがりはぎ（全目）

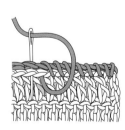

編み地を外表に合わせ、1目ずつ編み目の頭全部をすくいます

ブックデザイン　中島美佳
撮影　　　　　水野美隆 (zecca)
　　　　　　　中辻 渉 (プロセス)
スタイリング　川瀬英里奈
ヘアメイク　　YUMBOU (ilumini)
モデル　　　　神山まりあ (イデア)
トレース　　　大楽里美 (day studio)
校閲　　　　　向井雅子
編集　　　　　佐藤周子 (リトルバード)
　　　　　　　三角紗綾子 (文化出版局)

[撮影協力]
ブラザーズ新富町
tel. 03-6228-3701

この本の作品はハマナカ手芸手あみ糸を使用しています。
糸については下記へお問い合わせください。

ハマナカ
〒616-8585　京都市右京区花園藪ノ下町2-3
tel. 075-463-5151 (代表)
www.hamanaka.co.jp
info@hamanaka.co.jp

※材料の表記は2019年4月現在のものです。

オトナ女子のクロッシェスタイル

2019年4月21日　第1刷発行
2020年7月27日　第3刷発行
著者　　Little Lion
発行者　濱田勝宏
発行所　学校法人文化学園 文化出版局
　　　　〒151-8524　東京都渋谷区代々木3-22-1
　　　　tel.03-3299-2487 (編集)
　　　　tel.03-3299-2540 (営業)
印刷・製本所　株式会社文化カラー印刷

© Ayaka Chiba 2019　Printed in Japan
本書の写真、カット及び内容の無断転載を禁じます。

●本書のコピー、スキャン、デジタル化等の無断複製は著作権法上での例外を除き、禁じられています。
　本書を代行業者等の第三者に依頼してスキャンやデジタル化することは、たとえ個人や家庭内での利用でも著作権法違反になります。
●本書で紹介した作品の全部または一部を商品化、複製頒布、及びコンクールなどの応募作品として出品することは禁じられています。
●撮影状況や印刷により、作品の色は実物と多少異なる場合があります。ご了承ください。

文化出版局のホームページ　http://books.bunka.ac.jp/

この本についてのお問合せは下記へお願いします。
リトルバード　tel.03-5309-2260
受付時間／13:00〜16:00 (土日・祝日はお休みです)